Isaac Asimov

Siglo XXI

Biblioteca del
universo

El Sistema Solar

Saturno

DE ISAAC ASIMOV
REVISADO Y ACTUALIZADO POR RICHARD HANTULA

Gareth Stevens Publishing
UNA COMPAÑÍA DEL WORLD ALMANAC EDUCATION GROUP

Please visit our web site at: www.garethstevens.com
For a free color catalog describing Gareth Stevens Publishing's list of high-quality
books and multimedia programs, call 1-800-542-2595 (USA) or 1-800-387-3178 (Canada).
Gareth Stevens Publishing's fax: (414) 332-3567.

Library of Congress Cataloging-in-Publication Data

Asimov, Isaac.
    [Saturn. Spanish]
    Saturno / de Isaac Asimov; revisado y actualizado por Richard Hantula.
       p. cm. – (Isaac Asimov biblioteca del universo del siglo XXI. El sisteme solar)
    Summary: A description of Saturn, the second largest planet in our solar system, which
includes information on its numerous moons, and spacecraft and probes which study it.
    Includes bibliographical references and index.
    ISBN 0-8368-3860-2 (lib. bdg.)
    ISBN 0-8368-3873-4 (softcover)
    1. Saturn (Planet)–Juvenile literature. [1. Saturn (Planet). 2. Spanish language materials.]
    I. Hantula, Richard. II. Title.
    QB671.A8318   2003
    523.46–dc21   2003050489

This edition first published in 2004 by
Gareth Stevens Publishing
A World Almanac Education Group Company
330 West Olive Street, Suite 100
Milwaukee, WI 53212 USA

Series editor: Betsy Rasmussen
Cover design and layout adaptation: Melissa Valuch
Picture research: Kathy Keller
Additional picture research: Diane Laska-Swanke
Artwork commissioning: Kathy Keller and Laurie Shock
Translation: Carlos Porras and Patricia D'Andrea
Production director: Susan Ashley

The editors at Gareth Stevens Publishing have selected science author Richard Hantula to bring
this classic series of young people's information books up to date. Richard Hantula has written
and edited books and articles on science and technology for more than two decades. He was the
senior U.S. editor for the *Macmillan Encyclopedia of Science.*

In addition to Hantula's contribution to this most recent edition, the editors would like to
acknowledge the participation of two noted science authors, Greg Walz-Chojnacki and
Francis Reddy, as contributors to earlier editions of this work.

Printed in the United States of America

1 2 3 4 5 6 7 8 9 07 06 05 04 03

Contenido

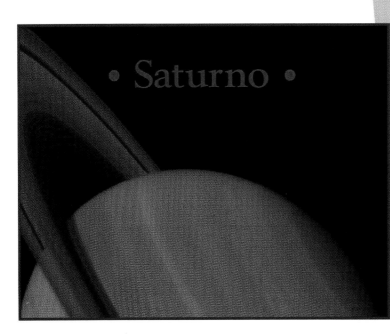

Vivimos en un lugar enormemente grande: el universo. Es muy natural que hayamos querido entender este lugar, así que los científicos y los ingenieros han desarrollado instrumentos y naves espaciales que nos han contado sobre el universo mucho más de lo que hubiéramos podido imaginar.

Hemos visto planetas de cerca, e incluso sobre algunos han aterrizado naves espaciales. Hemos aprendido sobre los quásares y los púlsares, las supernovas y las galaxias que chocan, y los agujeros negros y la materia oscura. Hemos reunido datos asombrosos sobre cómo puede haberse originado el universo y sobre cómo puede terminar. Nada podría ser más sorprendente.

Dentro de nuestro propio Sistema Solar hay un mundo al que muchas personas consideran el objeto más hermoso del cielo. Es el planeta gigante Saturno, con sus espectaculares anillos y sus numerosas lunas. Nada de lo que podemos ver en los cielos es parecido a Saturno. Una vez que lo ves, es difícil que puedas apartar los ojos.

Las misteriosas asas de Saturno

En 1610 el astrónomo italiano Galileo Galilei fue la primera persona que vio Saturno a través de un telescopio. En aquella época, Saturno era el planeta más lejano conocido. Galileo vio a cada costado del planeta lo que parecían ser «asas». A él le pareció que estas asas, que le recordaban un par de orejas, desaparecían cada tanto.

En 1655 el astrónomo holandés Christian Huygens usó un telescopio mejor. Huygens vio que las asas de Saturno eran en realidad anillos que lo rodeaban. A medida que Saturno giraba alrededor del Sol, Huygens observó los anillos desde diferentes ángulos. Cuando los miraba de costado, eran tan delgados que parecían desaparecer. Por eso Galileo, cuyo telescopio no era tan bueno, creyó que a veces los anillos desaparecían.

Izquierda: Christian Huygens mejoró el telescopio. Pudo ver que las «asas» de Saturno eran en realidad anillos.

Derecha y enfrente: Galileo no inventó el telescopio, pero fue el primero en usarlo en astronomía.

La leyenda de las orejas que desaparecían

El planeta Saturno lleva su nombre por un antiguo dios romano. A este dios los griegos lo llamaban Cronos y creían que una vez había gobernado el universo. Según los antiguos mitos, Cronos temía que sus hijos le quitaran el trabajo. Así que, cada vez que le nacía un hijo o una hija, se lo comía. Pero su esposa pudo salvar a uno de los niños. Cuando este niño creció, efectivamente tomó el lugar de Cronos. Cuando Galileo vio que las «orejas» de Saturno desaparecían, se acordó de la leyenda y dijo: «¡Cómo! ¿Saturno todavía se come a los hijos?».

Recuadro: Primeros
bosquejos de Saturno
que hizo Galileo.

5

Esta imagen muestra cómo se vería la Tierra si mágicamente se la pudiera colocar entre Saturno y Júpiter. Puedes ver por qué Saturno y Júpiter son conocidos como planetas gigantes.

El segundo planeta más grande

Saturno es el segundo planeta más grande del Sistema Solar. Tiene un diámetro aproximado de 75,000 millas (120,000 kilómetros), unas 9 $\frac{1}{2}$ veces más que el de la Tierra. Saturno tiene más o menos $\frac{1}{3}$ de la masa de Júpiter y es 95 veces más masivo que la Tierra. Está ubicado a una distancia promedio del Sol de unas 886,500,000 millas (1,427,000,000 km); o sea, 9 $\frac{1}{2}$ veces la distancia de la Tierra al Sol.

La duración de un día de Saturno es de menos de 11 horas. A Saturno le lleva casi 29 $\frac{1}{2}$ años terrestres dar una vuelta alrededor del Sol .

Arriba: Esta fotografía, que envió una sonda espacial que se aproximaba a Saturno, muestra el centro protuberante del planeta.

¡El más protuberante!

Aunque Saturno es más grande que la Tierra, gira más rápido sobre su eje; más o menos una vez cada 10 $\frac{1}{2}$ horas. Por eso su región central muestra una protuberancia en el ecuador del planeta. La Tierra también tiene una protuberancia pero más pequeña. La Tierra es sólo unas 13 millas (21.3 km) más ancha en su ecuador que en sus polos. Saturno es unas 7,300 millas (11,800 km) más ancho en su ecuador que en sus polos, por eso Saturno se ve realmente achatado cuando se le mira a través de un telescopio.

El único planeta que flota

Si Saturno fuera hueco, podrías meter 763 Tierras dentro de él, pero Saturno tiene sólo la masa de 95 Tierras. Esto significa que Saturno debe de estar compuesto de materiales muy livianos.

Un pie cúbico (0.028 metro cúbico) de material de Saturno pesaría, en promedio, aproximadamente 43 libras (19.5 kilogramos). Esto es sólo alrededor del 70 % de lo que pesa un pie cúbico de agua, o sea que en el agua Saturno flotaría. Si pudieras imaginarte que colocas a Saturno en un océano inmenso, flotaría. Hasta donde los científicos saben, Saturno es el único planeta del Sistema Solar más liviano que el agua.

Arriba: Si hubiera un océano lo suficientemente grande para colocar en él a Saturno lo podrías ver flotar.

Saturno, ¿un gigante peso ligero?

Los cuatro planetas gigantes son Júpiter, Saturno, Urano y Neptuno. Júpiter, Urano y Neptuno tienen una densidad aproximada de 1.3 a 1.6 veces la del agua. Sólo Saturno tiene una densidad menor que la del agua (0.7, o 70 %, la del agua). ¿Por qué es su densidad sólo alrededor de la mitad de la de los otros planetas? El elemento más liviano es el hidrógeno, y podemos decir que Saturno contiene una proporción de este elemento más alta que la de los otros gigantes, pero eso no contesta a la pregunta básica de «por qué».

A diferencia de la Tierra, Saturno no tiene superficie rocosa. Tiene una atmósfera gaseosa profunda y un núcleo pequeño.

Atmósfera profunda

Las sustancias más comunes del universo son dos gases, el hidrógeno y el helio. Estos gases componen la mayor parte de Saturno, por eso el planeta es tan liviano.

Al observar a Saturno a través de un telescopio, nada de lo que vemos es sólido. Sólo hay una densa atmósfera profunda. Además de hidrógeno y helio, su atmósfera contiene pequeñas cantidades de ciertas sustancias. Éstas forman nubes de muchos colores, que son la «superficie» que se observa de Saturno a través de un telescopio. Debajo de la atmósfera profunda hay probablemente un pequeño núcleo sólido de roca y metal.

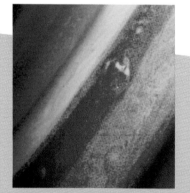

Arriba: Un primer plano de Saturno muestra nubes de tormenta retorcidas y puntos nebulosos blancos.

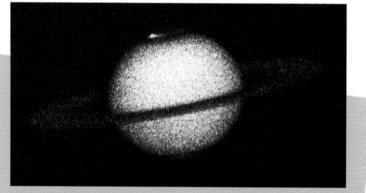

Arriba: Imagen ultravioleta tomada en 1955 por el telescopio espacial *Hubble* de una aurora en Saturno.

En 1994 el telescopio espacial *Hubble* siguió la trayectoria de una enorme tormenta cerca del ecuador de Saturno.

Los anillos de Saturno, según un artista, forman un arco a través del cielo lleno de nubes. Los anillos iluminados por el sol parecen desaparecer en la penumbra de Saturno.

Arriba: Sólo una sonda espacial podía darnos esta vista de Saturno y su espectacular sistema de anillos.

Izquierda: Los científicos colorearon esta foto de la *Voyager* para realzar los detalles difíciles de ver en los muchos anillos de Saturno.

Belleza con anillos

Saturno está rodeado de anillos que giran en torno a su ecuador. Los anillos son anchos, pero muy delgados. Las partes más brillantes tienen unas 40,000 millas (65,000 km) de ancho, pero menos de 650 pies (200 m) de espesor. Por este motivo los anillos parecen desaparecer cuando se les observa de costado.

Saturno tiene dos anillos principales. Los separa un espacio que notó por primera vez el astrónomo Giovanni Cassini. A este espacio ahora se le llama división de Cassini. Fuera de la división de Cassini está el anillo A. En el lado interno, más cerca del mismo Saturno, está el anillo B. Dentro y fuera de estos dos anillos principales, los astrónomos han identificado varios anillos más tenues.

Arriba: Saturno, sus anillos y dos de sus lunas, Tetis y Dione. La separación entre los anillos es la división de Cassini.

Izquierda: Las zonas brillantes de este anillo contienen más materia que las zonas oscuras.

El club de anillos planetario, ¿por qué es distinto Saturno?

Desde 1977 los científicos han sabido que, además de Saturno, también tienen un sistema de anillos Júpiter, Urano y Neptuno. Aunque Saturno no es el único planeta rodeado de anillos, los suyos son sin lugar a dudas los anillos más brillantes y más anchos. ¿Por qué? Los científicos no pueden decirlo con certeza.

Una mirada más de cerca

Cuando se observan los anillos de Saturno desde la Tierra, están demasiado lejos para mostrar ningún detalle. La sonda *Pioneer 11*, que voló próxima a Saturno en 1979, y las dos sondas *Voyager*, que llegaron a Saturno en 1980 y 1981, permitieron darles una mirada más de cerca. Dejaron ver los anillos de Saturno con muchos más detalles que nunca antes.

Las sondas mostraron que lo que parecen sólo unos cuantos anillos son en realidad decenas de miles de anillos más delgados muy juntos con finas separaciones entre ellos. De cerca, los anillos de Saturno parecen los surcos de un disco grabado.

Algunas de las separaciones tienen bordes ondulados, y uno de esos anillos está retorcido. Algunos de esos anillos se separan en dos o tres partes y parecen trenzados.

Aparentemente los anillos se componen de trozos de hielo y fragmentos de roca. Algunos trozos son tan pequeños como una partícula de polvo, y otros tan grandes como una casa.

Izquierda: Misteriosos «rayos» oscuros pasan rozando sobre los anillos de Saturno. Posiblemente estos rayos pueden ser creados por nubes de partículas microscópicas que dispersan la luz solar.

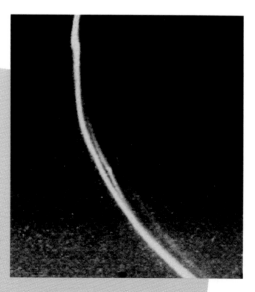

Derecha: Dos lunas diminutas atraen el anillo F de Saturno dándole una forma poco común.

Decenas de miles de anillos delgados conforman el sistema de anillos de Saturno. La concepción de un artista de los anillos más brillantes incluye el más remoto, el anillo F, que tiene filamentos enroscados.

Los científicos creen que los magníficos anillos de Saturno están compuestos de polvo, y pedacitos de hielo y roca.

El sistema de lunas de Saturno

Saturno tiene 18 lunas, o satélites naturales, confirmados. En el año 2000 los astrónomos informaron de otras 12 lunas que, si las confirman, recibirán nombre oficial. Todas las lunas se descubrieron con telescopios desde la Tierra o desde las sondas *Voyager*.

Nueve de las 18 lunas confirmadas de Saturno tienen más de 120 millas (200 km) de ancho. Algunas de ellas, cuyo descubrimiento se informó en 2000, pueden tener sólo 4 millas (6 km) de diámetro.

Las lunas de Saturno están dispersas en una distancia enorme. Pan, la luna más cercana a Saturno, está a menos de 45,000 millas (70,000 km) por encima de la parte superior de las nubes del planeta. Febe, la luna confirmada más alejada, se encuentra a unos 8,000,000 de millas (13,000,000 de km) de Saturno. Eso es alrededor de 34 veces más lejos de lo que está la Luna de la Tierra.

Clave de la pintura *(enfrente, abajo)*

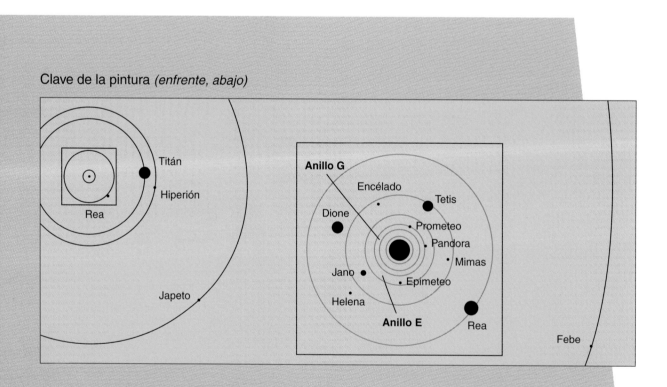

Saturno y sus lunas gran·
(en primer plano), Encélado y Rea
izquierda), Tetis y Mimas (abajo a la d
distante Titán (superi·

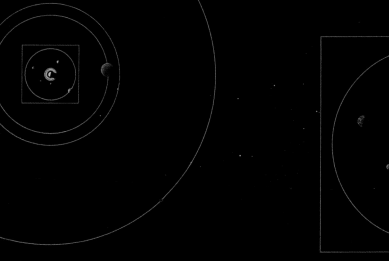

Arriba: ¿Quién es quién er
de Saturno? Esta pintur·
(página de enfrente) muestrar
de las lunas más grandes d

Arriba: Algo tapa el hielo de la mitad de Japeto, pero nadie sabe qué es. Esta pintura muestra cómo podría ser el lugar donde se encuentran el lado iluminado y el lado oscuro de esta luna.

Arriba: Esta imagen sumamente detallada de Encélado la tomó la *Voyager 2* desde una distancia de 74,000 millas (120,000 km).

Una combinación de lunas

Las lunas de Saturno son muy variadas. Encélado, por ejemplo, tiene aproximadamente 310 millas (500 km) de diámetro. Con su reluciente superficie, este globo de hielo parece como si fuera una bola de billar gigante.

Por otro lado, Japeto tiene unas 907 millas (1,460 km) de diámetro. Es la segunda luna confirmada más alejada de Saturno. Japeto también podría ser una pelota de hielo, pero un poco sucia. El frente de Japeto, visto desde Saturno, es oscuro, como si estuviera cubierto de suciedad. Sin embargo, el lado de atrás es blanco y brillante. Es un satélite de dos tonos, pero los astrónomos no saben por qué.

Izquierda: Japeto como lo vio la *Voyager 2.*

La luna de Saturno que va hacia atrás

Febe, la luna confirmada más distante de Saturno, es poco común. La mayoría de las lunas del Sistema Solar siempre mantienen la misma cara hacia su planeta. Esto significa que giran una vez alrededor de su eje en el mismo tiempo que les toma completar una órbita alrededor de su planeta. Sin embargo, a Febe le lleva alrededor de un año y medio orbitar Saturno, pero menos de diez horas dar una vuelta alrededor de su eje. Lo que es más, Febe orbita Saturno en la dirección opuesta a la que siguen las demás lunas confirmadas del planeta. ¿Por qué es tan diferente Febe? Algunos astrónomos creen que Febe no es originalmente una luna, sino un cometa o asteroide capturado.

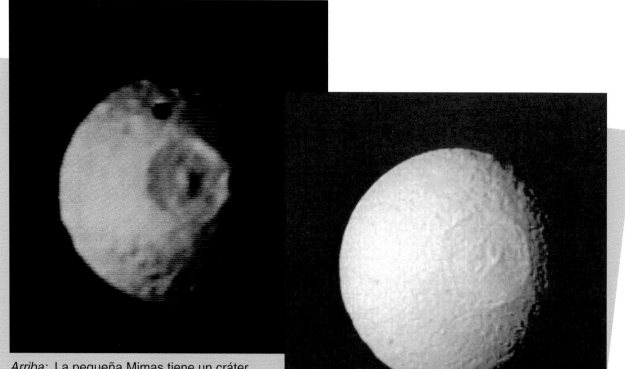

Arriba: La pequeña Mimas tiene un cráter grande. Mimas puede ser pequeña, pero es la responsable de la división de Cassini en los anillos de Saturno. La gravedad de Mimas barre las lunas diminutas de esa región.

Arriba: Esta imagen de Tetis que tomó la *Voyager 2* muestra claramente la gran cuenca de impacto Odysseus, el cráter más grande del Sistema Solar.

Saturno se eleva sobre el accidentado terreno de su luna Rea. Los cráteres más grandes de Rea se produjeron hace mucho cuando la luna colisionó con los fragmentos sobrantes de hielo y roca que giraban alrededor de Saturno.

Mundos con cráteres

Muchos científicos creen que los mundos del Sistema Solar se formaron cuando fragmentos pequeños de materia chocaron entre sí. En nuestros días, a los cuerpos del Sistema Solar a veces todavía los golpean trozos sobrantes de materia. Si el trozo es grande, el impacto puede formar un cráter de tamaño considerable.

Tetis, una de las lunas de Saturno, mide unas 660 millas (1,060 km) de diámetro, y tiene un cráter de 250 millas (400 km) de ancho. Es posiblemente el cráter más grande del Sistema Solar. Tetis tiene también una gran grieta que tiene docenas de millas de ancho y se extiende por aproximadamente $2/3$ de su superficie.

Mimas, otra luna de Saturno, mide unas 240 millas (390 km) de ancho. Tiene un cráter redondo profundo que cubre $1/3$ del ancho de la propia Mimas. Los astrónomos creen que el fragmento que golpeó a Mimas fue tan grande que pudo haber hecho añicos la luna. ¡Mimas tuvo suerte de sobrevivir!

Izquierda: Una grieta recorre $2/3$ de la superficie de Tetis. Grandes y pequeños cráteres salpican la cara de esta luna de Saturno.

Lunas pastoras y lunas compañeras

Varias lunas están bastante próximas a Saturno y se encuentran dentro o cerca de los anillos. A algunas de ellas se les da el nombre de *pastoras*, porque su gravedad «reúne» los granos de hielo y las rocas que componen los anillos, impidiendo que se desvíen y se aparten demasiado. Los científicos creen que Prometeo y Pandora, las dos lunas pastoras, son las responsables de la forma rara del estrecho y retorcido anillo F.

En la órbita de Tetis se mueven por lo menos dos lunas diminutas de unas 15 millas (25 km) de diámetro. Una, llamada Telesto, se mueve por delante de Tetis, y la otra, Calipso, permanece detrás.

Dione, otra luna de Saturno, tiene una pequeña luna compañera de nombre Helena, que se mueve en su órbita. La luna Jano tiene casi la misma órbita que la luna Epimeteo, y las dos cambian de lugar más o menos cada cuatro años.

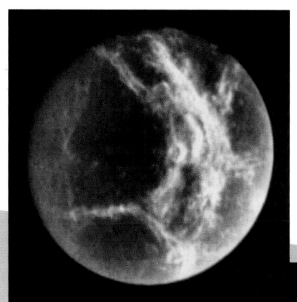

Izquierda: Dione, luna de Saturno.

Derecha: Dione, luna de Saturno, tiene una compañera llamada Helena *(en la imagen)*. Helena viaja en la órbita de Dione por delante de ella.

Cerca o dentro de los anillos de Saturno orbitan pequeñas lunas apodadas *pastoras*. Su débil gravedad atrae y empuja las partículas de los anillos, acomodándolas a veces en forma extraña.

Sustancias químicas, como el etano y el acetileno, crean condiciones de niebla tóxica sobre Titán.

El gigante Titán

Titán es la más grande de las lunas de Saturno. Con un diámetro de aproximadamente 3,200 millas (5,150 km), es más grande que los planetas Mercurio y Plutón. La única luna del Sistema Solar más grande que Titán es Ganímedes, luna de Júpiter.

Titán es la única luna conocida que tiene atmósfera de gran espesor. Su atmósfera tiene más espesor que la de la Tierra, y las dos se componen principalmente de nitrógeno. A diferencia de la atmósfera de la Tierra, que también contiene oxígeno, la atmósfera de Titán contiene buena cantidad de metano y argón. La luz del Sol separa el metano a gran altura sobre la superficie, formando sustancias químicas que crean una bruma densa y, tal vez, hasta alguna especie de lluvia.

Izquierda: Este rudimentario mapa de la superficie de Titán se hizo mediante el telescopio espacial *Hubble* con luz infrarroja, a la que no bloquea la atmósfera.

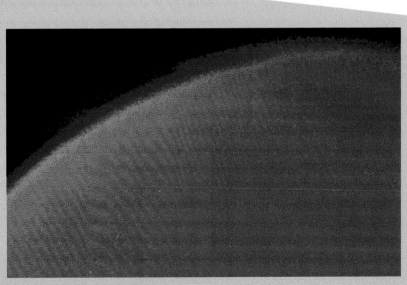

Arriba: Titán como la vio la *Voyager*, cuyas cámaras no pudieron penetrar la brumosa atmósfera.

El viaje de la *Cassini*

Los astrónomos sienten curiosidad por la superficie de Titán. El metano de la atmósfera de Titán podría, bajo la acción de la luz solar, formar grandes moléculas de sustancias alquitranadas. Sobre la superficie sólida de hielo y roca de Titán podría haber ríos, lagos y hasta océanos de metano y etano líquidos. En estos océanos podría haber islas —incluso continentes— de lodo alquitranado.

En 1997 se lanzó una nave espacial llamada *Cassini* para que explorara Saturno y Titán. Se espera que llegue a Saturno en 2004. A diferencia de las misiones *Voyager*, que sólo pasaron por Saturno, la *Cassini* entrará en órbita a su alrededor. Eso dará a los científicos más tiempo y más oportunidades de estudiar a Saturno, sus complejos anillos y sus numerosas lunas. La *Cassini* también observará de cerca a Titán. Tiene un instrumento de radar para hacer mapas de la superficie de Titán y en 2005 dejará caer una sonda llamada *Huygens* en la brumosa atmósfera de la luna. Permanece atento o atenta.

Derecha: Durante su prolongado estudio de Saturno, la misión *Cassini* visitará la luna gigante Titán.

En el año 2005, la *Cassini* soltará la sonda *Huygens*. A medida que descienda hacia la superficie de Titán, la *Huygens* recogerá información sobre la atmósfera de esta luna.

Saturno

El Sol y el Sistema Solar *(de izquierda a derecha)*: Mercurio, Venus, Tierra, Marte, Júpiter, Saturno, Neptuno, Urano, Plutón.

Las lunas más grandes de Saturno

Lunas confirmadas de Saturno

Nombre	Pan	Atlas	Prometeo	Pandora	Epimeteo	Jano
Diámetro*	12 millas (20 km)	19 millas (30 km)	62 millas (100 km)	56 millas (90 km)	75 millas (120 km)	118 millas (190 km)
Distancia desde Saturno**	83,260 millas (134,000 km)	85,500 millas (137,640 km)	86,600 millas (139,350 km)	88,000 millas (141,700 km)	94,090 millas (151,420 km)	94,120 millas (151,470 km)
Nombre	**Mimas**	**Encélado**	**Tetis**	**Telesto**	**Calipso**	**Dione**
Diámetro*	240 millas (390 km)	310 millas (500 km)	660 millas (1,060 km)	16 millas (25 km)	16 millas (25 km)	700 millas (1,120 km)
Distancia desde Saturno **	117,000 millas (188,192 km)	149,230 millas (240,151 km)	184,250 millas (296,513 km)	184,970 millas (297,665 km)	184,970 millas (297,665 km)	234,500 millas (377,400 km)
Nombre	**Helena**	**Rea**	**Titán**	**Hiperión**	**Japeto**	**Febe**
Diámetro *	19 millas (30 km)	950 millas (1,530 km)	3,200 millas (5,150 km)	160 millas (255 km)	907 millas (1,460 km)	140 millas (220 km)
Distancia desde Saturno **	234,500 millas (377,400 km)	327,500 millas (527,040 km)	759,200 millas (1,221,850 km)	920,300 millas (1,481,000 km)	2,212,900 millas (3,561,300 km)	8,048,000 millas (12,952,000 km)

* Diámetro promedio   ** Distancia promedio desde el centro de Saturno

28

Archivo de datos: Saturno

Saturno es el segundo planeta más grande del Sistema Solar y el sexto más cercano al Sol. Un día de Saturno dura sólo un poco más de $10\frac{1}{2}$ horas. Puesto que Saturno está más de $9\frac{1}{2}$ veces más lejos del Sol que la Tierra, orbitar el Sol le lleva a Saturno mucho más tiempo que a la Tierra. De hecho, un año de Saturno equivale a casi $29\frac{1}{2}$ de nuestros años.

Primer plano del planeta (no se lo muestra en la misma escala que las lunas).

Saturno: Cómo se compara con la Tierra

Planeta	Diámetro	Período de Rotación	Período de órbita alrededor del Sol (duración del año)	Lunas	Gravedad de la superficie	Distancia desde el Sol (más cercana-más lejana)	Tiempo mínimo que le toma a la luz viajar a la Tierra
Saturno	74,898 millas (120,536 km)	10 horas, 38 minutes	29.46 años	18+**	0.92***	839–938 millones de millas (1.35–1.51 millones de km)	1.1 horas
Tierra	7,927 millas (12,756 km)	23 horas, 56 minutos	365.256 días (1 año)	1	1.00**	91.3–94.4 millones de millas (147–152 millones de km)	—

* Diámetro en el ecuador.

** Saturno tiene 18 lunas confirmadas; una docena más, cuyo descubrimiento se informó en 2000, todavía necesita confirmación.

*** Multiplica tu peso por este número para averiguar cuánto pesarías en este planeta; en el caso de Saturno, que carece de superficie, el número corresponde al nivel superior de las nubes.

Más libros sobre Saturn

DK Space Encyclopedia (Enciclopedia DK del espacio), Nigel Henbest and Heather Couper (DK Publishing)

A Look at Saturn (Una mirada a Saturno), Ray Spangenburg and Kit Moser (Franklin Watts)

Saturn (Saturno), Larry Dane Brimner (Children's Press)

Saturn (Saturno), Robin Kerrod (Lerner Publications)

Saturn. (Saturno), Elaine Landau (Franklin Watts)

Saturn (Saturno), Gregory Vogt (Bridgestone Books)

CD-ROM y DVD

CD-ROM: *Exploring the Planets (Explorar los planetas)* (Cinegram)

DVD: *The Voyager Odyssey (La odisea de la Voyager)* (Image Entertainment)

Sitios Web

Internet es un buen lugar para obtener más información sobre Saturno. Los sitios Web que se enumeran aquí pueden ayudarte a que te enteres de los descubrimientos más recientes, así como de los que se hicieron en el pasado.

Cassini-Huygens Mission. saturn.jpl.nasa.gov/cassini/

Nine Planets. www.nineplanets.org/saturn.html

Pioneer Missions. spaceprojects.arc.nasa.gov/Space_Projects/pioneer/PN10&11.html

Views of the Solar System. www.solarviews.com/eng/saturn.htm

Voyager Project Home Page. vraptor.jpl.nasa.gov/science/saturn.html

Windows to the Universe. www.windows.ucar.edu/tour/link=/saturn/saturn.html

Lugares para visitar

Estos son algunos museos y centros donde puedes encontrar una variedad de exhibiciones espaciales.

Museo Norteamericano de Historia Natural
Central Park West at 79th Street
New York, NY 10024

Museo de Ciencia y Tecnología de Canadá
1867 St. Laurent Boulevard
Science Park
100 Queen's Park
Ottawa, Ontario K1G 5A3
Canada

Centro Espacial Henry Crown
Museo de Ciencia e Industria
57th Street and Lake Shore Drive
Chicago, IL 60637

Museo Nacional del Aire y el Espacio
Instituto Smithsoniano
7th and Independence Avenue SW
Washington, DC 20560

Odyssium
11211 142nd Street
Edmonton, Alberta T5M 4A1
Canada

Museo Scienceworks
2 Booker Street
Spotswood
Melbourne, Victoria 3015
Australia

Glosario

anillos: fajas de hielo, roca y partículas de polvo que rodean por el ecuador algunos planetas, incluido Saturno.

atmósfera: los gases que rodean un planeta, una estrella o una luna. La atmósfera de Saturno contiene hidrógeno, helio y otros gases.

cráter: hoyo en la superficie que se origina por el impacto de un meteorito o una explosión volcánica.

diámetro: longitud de la línea recta que pasa por el centro de un círculo o esfera.

división de Cassini: espacio que hay entre los dos anillos principales de Saturno, el anillo A y el anillo B. Recibió su nombre por Giovanni Cassini, científico italiano que fue el primero en ver este espacio.

ecuador: línea imaginaria trazada alrededor del medio de un planeta, que está siempre a la misma distancia desde los dos polos del planeta. El ecuador divide el planeta en dos semiesferas, o hemisferios.

eje: la línea recta imaginaria alrededor de la cual gira o rota un planeta, una estrella o un luna.

Galileo: científico italiano que en 1610 se convirtió en la primera persona que vio Saturno a través de un telescopio.

gravedad: la fuerza que provoca que objetos como el Sol y sus planetas se atraigan entre sí.

***Hubble,* Telescopio espacial:** satélite artificial con un telescopio e instrumentos relacionados abordo, que ha estado en órbita alrededor de la Tierra desde 1990.

Huygens, Christian: el astrónomo holandés que en 1655 identificó por primera vez los anillos de Saturno.

luna: cuerpo pequeño del espacio que se mueve en órbita alrededor de un cuerpo más grande. Se dice que una luna es un satélite del cuerpo más grande. Saturno tiene 18 lunas confirmadas; la más grande se llama Titán.

masa: la cantidad, o el total, de materia de un objeto.

moléculas: las partículas más pequeñas de una sustancia.

satélites pastores: lunas pequeñas que orbitan dentro o cerca de los anillos de Saturno. Su débil gravedad contribuye a impedir que la materia de los anillos se desvíe de su posición.

Sistema Solar: el Sol con los planetas y los demás cuerpos, como los asteroides, que describen una órbita alrededor de él.

sonda: nave que viaja por el espacio fotografiando cuerpos celestes e incluso aterrizando en algunos de ellos.

Voyager: el nombre de dos sondas espaciales estadounidenses que se lanzaron en 1977. Más tarde, tanto la *Voyager 1* como la *Voyager 2* pasaron por Júpiter y Saturno. La *Voyager 2* pasó también por Urano (1986) y por Neptuno (1989).

Índice

Nacido en 1920, Isaac Asimov llegó a Estados Unidos, de su Rusia natal, siendo niño. De joven estudió bioquímica. Con el tiempo se transformó en uno de los escritores más productivos que el mundo haya conocido jamás. Sus libros abarcan una variedad de temas que incluyen ciencia, historia, teoría del lenguaje, literatura fantástica y ciencia ficción. Su brillante imaginación le hizo ganar el respeto y la admiración de adultos y niños por igual. Lamentablemente, Isaac Asimov murió poco después de la publicación de la primera edición de *La biblioteca del universo de Isaac Asimov.*

Los editores expresan su agradecimiento a quienes autorizaron la reproducción de material registrado: portada, 3, 19, 20 (superior derecha), Centro Nacional De Datos de Ciencia Espacial y el jefe de equipo Dr. Bradford A. Smith; 4 (izquierda), Biblioteca Niels Bohr AIP; 4 (derecha), Museo Británico; 5 (grande), The Granger Collection, Nueva York; 5 (recuadro); Laurie Shock/© Gareth Stevens, Inc. 1988; 6, NASA; 7, Laboratorio de Propulsión a Chorro; 8, © Tom Miller 1988; 9, © Calvin J. Hamilton; 10 (superior izquierda), Reta Beebe (Universidad Estatal de Nuevo México), D. Gilmore, L. Bergeron (STScI), y NASA; 10 (superior derecha), J. Trauger (JPL) y NASA; 10 (inferior), Laboratorio de Propulsión a Chorro; 11, © John Foster 1988; 12 (superior), NASA; 12 (inferior), Laboratorio de Propulsión a Chorro; 13 (ambas), NASA; 14 (ambas), Laboratorio de Propulsión a Chorro; 15 (superior), © Larry Ortiz 1988; 15 (inferior), NASA; 16, Laurie Shock/© Gareth Stevens, Inc. 1988; 17 (superior), NASA; 17 (inferior), © George Peirson y Debra Peirson 1988; 18 (superior), © Michael Carroll; 18 (inferior), NASA; 20 (superior izquierda), Laboratorio de Propulsión a Chorro; 20 (inferior), © Joe Tucciarone; 21, NASA; 22 (izquierda), NASA/JPL; 22 (derecha), NASA; 23, © Julian Baum 1988; 24, © George Peirson 1988; 25 (izquierda), Peter H. Smith del Laboratorio Lunar y Planetario de la Universidad de Arizona, y NASA; 25 (derecha), NASA; 26, 27, © Michael Carroll; 28, © Sally Bensusen 1988; 28-29, © Sally Bensusen 1987.